ゲイリー・グラボ 著
川村透 訳

やりたい仕事の見つけ方

30-DAY LESSON

Discover

自分の能力を最大限に発揮したいあなたに

はじめに

あなたは次の項目に、思い当たるものがありますか？

1 上司や同僚に常に腹立たしさを覚える
2 自分が仕事を管理しているというより、仕事に管理されていると感じる
3 常に仕事に追われ、いつまでやっても終わる気がしない
4 仕事が単調でつまらない
5 身体がいつもだるく、疲れがとれない
6 あえて責任のある仕事をやろうと思わない
7 職場でもプライベートでも、人づきあいが減っている
8 酒や煙草の量が増えた
9 勤務時間に、ネットサーフィンをして仕事をさぼっている
10 元気なのに「体調が悪くて」と仮病を使って仕事を休む

もし、ひとつでも該当したら、あなたは今の仕事をさっさと辞めて、もっと自分を活かせる新しい仕事を見つけたほうがよいでしょう。そのための具体的な方法がこの本に書かれています。

あなたは今の仕事に満足しているでしょうか？　入社当時はワクワクして選んだ仕事でも、何年も続けているうちに飽きてしまったり、自分の理想と違ったり、他にやりたいことが見つかったりして、転職や独立を考えているのではないでしょうか。

コネチカット州にある上級管理職のヘッドハンティング会社、ExecuNet社が一九九八年に実施した調査では、人事担当者の四五％もが、「優秀な社員に能力に見合った仕事を与えなかったばかりに、何人もが辞めていった」と答えています。

『燃えつき症候群を克服する法』（Overcoming Job Burnout）の著者、ビバリー・ポッター氏は、多くの人が「仕事はつまらなく、繰り返しの連続で、まるで何かの罠にでもはまったようだ」と感じているとしています。これは、与えられた仕事の物足りなさからきます。また、リストラ等によって従業員の数は減り、一人あたりの仕事量は増え、これが社員に多くのストレスを生み出しています。このような状況下で、多くの社員が「たとえ給料が下がっても、もっと自分の能力を活かせる仕事がないだろうか」と考え始めるのです。

あなたがもし「自分の能力を一〇〇%使い切っていない」と感じているなら、思いきってこの本を開いてほしく思います。きっとこれまで自分の中にくすぶっていた何かが爆発するはず。それこそが、あなたが今まで気づきもしなかった「自分の可能性」なのです。

仕事を自在に変えていける人が生き残る

人類の歴史において、今ほど寿命が延びている時代はありません。現代の最新医療技術により、多くの人は、六十五歳を過ぎても働き続けることができるようになりました。

科学雑誌の「サイエンス」一九九六年五月号で、バーナード・ロコスキー氏とシーグフリッド・ヘキミ氏が、人の寿命に影響を与える四つの遺伝子についての論文を発表しました。それによると、年を重ねて老いるプロセスは、これらの中にある「寿命の時を刻んでいる遺伝子」によって決まるというのです。研究者たちはこの遺伝子の解読に力を注いでおり、これが解読されれば、近い将来、私たちの寿命は今よりもさらに延びるかも知れません。

この遺伝子工学の研究以外でも、病気、薬物学などの現代の医学により、私たちの寿命は第二次大戦前に比べて大幅に延びています。二十一世紀中には、多くの人が百歳以上まで生きるようになるでしょう。
しかし、このような医学の進歩により、寿命が延びるとともに現役でいる年数も延び、ひとつの仕事に飽きてしまい、ほかのこともやりたくなるというジレンマを生みます。そのときに必要なのが、この本のテーマである「自分のキャリアを変えていける能力」なのです。

仕事を好きなように変えていける……これぞ人生百年時代にふさわしいキャリアプランといえるでしょう。私の最初のきっかけは、二十代の終わりにやってきました。人によっては四十代、五十代、六十代にそのタイミングを迎える人もいます。いつか必ずやってくるこの方向転換のときに備えて、自分の可能性を活かして華麗な転進ができるよう、この本にある三〇のステップをぜひ利用してほしいと思います。

ひとつの会社にすがっている人は危ない

二十世紀までは、企業は個人にとって、ある意味で面倒見のいい兄のような存在でした。みなひとつの企業で働いていれば幸せをつかむことができ、生活も保障されました。同じ仕事をやり続けていれば、その会社にとどまることができたのです。

しかし、一九九〇年代から始まったダウンサイジング、企業間の合併、リストラなどにより、その雇用環境はがらりと様変わりしました。もはやこれまでの関係を期待することはできません。私たちは、仕事に対するものの見方を変える必要があるのです。

今や、ひとつの会社、ひとつの能力にすがることはもはやリスクとなります。なぜなら社会や自分の状況が変わったときに、身動きがとれないからです。

仕事や人生で幸せを得るには、いくつもの引き出しを持つことが重要です。その引き出しとは、あなたがどんな仕事ができるかではなく、どんな人か、つまりどんな人間的な資質や興味を持っているかということです。専門的な能力は分野が変わると活かせませんが、あなたに備わっている人間的な資質や好奇心は、ほかの分野でも活かすことができます。また、引き出しを多く持つことで、あなたの可能性の幅が広がります。後にWEEK1で、あなたの夢のキャリアを三つ選択するエクササイズがありますが、ひとつにしぼらない理由はここにあります。

これまであなたは、両親、尊敬する人の影響、および就職する当時の自分の価値観で、自分の仕事を決めたことでしょう。しかし、そのときと今とでは、あなたの価値観が変わっていても、何らおかしくはありません。今こそ、一人の大人としてもう一度、自分は何をしたいかを決めるときです。もう、ひとつの会社にすがっている時代ではありません。自分で新しい人生を切り開いていきましょう。

もくじ

Week 1

本当にやりたいことを決める 048

Week 2 新しいスタートに向けた準備を始める …… 070

Week 3

目標への道筋を描く

Week 4

成功へのマインドセットをつくる …… 132

Week 5

行動を起こす

PROLOGUE

30日でキャリアは変えられる

あなたには憧れや本当にやりたいことがありますか？
そして、それらは実現していますか？
もしそうでないならば、
あなたは今すぐに行動を起こすべきです。
様々な困難や障害が思い浮かぶかもしれません。
しかし、安心してください、
三〇日あればキャリアは変えられるのです。
この本を読んで毎日アクションを起こせば、
あなたも三〇日後には新しい自分に気づくはずです。
さあ、始めましょう！

私の最初の転機は、二十代の後半にやってきました。私は大学および大学院で神学を学んだのですが、その専攻を活かした仕事など、どこを探してもありませんでした。当時もキャリアアップ・コーチングの仕事に興味はありましたが、自分にそんなことができるなんて、思いもよりませんでした。私はすでに二十八歳。大学院を卒業したあと、今からどうやって仕事に就いたらよいのか、ずっと悩み続けていました。誰も神学専攻の人間など雇いたいとは思わないのですから。

その当時、私はある変わった夢をよく見ていました。その夢の中で、私は周りの友人や自分に、こう話しかけていたのです。

「私は自分らしく生きるために自由になるんだ」

この夢を見て起きたあと、私は不思議と落ち着いていました。そして自分はそうなれるという思いが強くなり、そのためにはどんな障害をも越えられるという自信が湧いてきたのです。

自分を引き止める障害を乗り越える

自分を引き止める障害は、誰にでもあります。私にとって、それは神学という学問でした。なぜなら、神に忠誠を誓っていたからです。

次に大きかったのは家族や友人の存在。私は彼らの期待を裏切りたくはなかった。当時、すでに私はオハイオの小さな町に家を持ち、新しい車も買い、犬も飼っていました。これらすべてが、新しい自分に変わろうとする私を引き止めていたのです。

しかし、私は自分らしく生きるために自由になりたかった。そしてまずは自分にできることをやろうと決心しました。もちろん不安はありましたが、それはきっと乗り越えられると自分に言い聞かせました。

ある日、大学院での授業が終わったあと、私はＹＭＣＡに電話をして、一泊十五ドルの一番安い部屋を予約しました。その晩、私は自宅に戻らずに、図書館に居残ることにしたのです。それは神学の研究ではなく、本当の自分を発見するためめに。この日、私は自分を探求することでブレークスルーが起こり、新しい人生とキャリアへの道がきっと開けると信じていました。そして自分が興味のある企業数社を求人欄から選び出し、履歴書を送ったのです。

二週間後、その中の一社、ニューヨークにあるピープルエクスプレスという新しい航空会社から、書類選考を通った二千人の中の一人として、面接にくるようにとの通知がありました。ポストは顧客サービスマネジャーでした。

しかし、私には航空業界での経験はなく、そのポストに就ける可能性はほとんどありませんでした。ピッツバーグのホテルにその二千人が集められ、二時間以上も待たされている間に、私は徐々に自信をなくしていきました。私にあったのは、子供の頃からの、ただ航空業界で働きたいというあこがれだけでした。

そのあと、何度か面接を受けることとなりました。そのうちに神学専攻というコンプレックスを気にするよりも、それを面接官に魅力的に映るようアピールするしか勝ち残る方法はないと思い始めたのです。そしてそのことにすべてのエネルギーを注ぎました。

その一ヶ月後、なんと信じられないことに、私は採用通知を受け取り、そのポジションに採用されることに決まったのです。二千分の一の狭き門を通って、私が選ばれたのです。あの日の夜、図書館で自分を変えようと決意してから一ヶ月以内に、私は面接のほとんどを終え、そして三ヶ月以内に、神学からビジネスの世界へと、自分のキャリアを変えることができたのです。

新しいキャリアは行動すれば必ず手に入る

このとき、私は自分の中に埋もれている可能性を発見し、それを活かす喜びを知りました。私の将来に対する不安は消え、今後、いつでも自分のキャリアを変えていける自信がついたのです。この自信は、人に自由を与えます。これぞ本当の失業保険といえるでしょう。もう過去の職歴や経験にとらわれて、自分の道をせばめてしまうことはないのです。

近年、ある人は自分から進んで、ある人はやむをえず、新しい仕事を探しています。その層は二十代から七十代まで様々。この本は、自分らしい人生や仕事を見つけるときにきっと役立つはずです。新しいことへのチャレンジ精神、行動力、自由なイメージを持てば、それは必ず手に入ります。この本を新しいキャリアパスを手にするためのガイドブックとして、ぜひ活用してほしいと思います。

このあとのDAY00では、あなたのキャリアの転換に障害となっている原因を探り、WEEK1からWEEK5では、そのキャリア転換を成功させる三〇のアクションを紹介していきます。これに従えば、あなたも三〇日以内にキャリアを変えることができるはずです。

「自分のキャリアを変えたい」という思いだけでは何も変わりません。実際、ほとんどの人がそう思っているのに、行動に移せる人はほんのわずかなのです。私は、あなたを結果につながる行動へ、一歩一歩導くことを約束します。この本を読み終える頃には、驚くほどの結果をつくり出しているでしょう。

これは読むだけの本ではありません。あなたのキャリアを本当に変えていくための本なのです。きっとこれまで見た、どの映画よりもエキサイティングなはず。それでは始めましょう！

Day 00

今日のアクション

自分を引き止める原因を知る

「キャリアを変えたい」と思っても、不安があって当然。それをまずは受け入れましょう。それに気づかないふりをしていると、その不安は解消されません。

不安をなくすためには、そこから逃げず、それに向かっていくのが一番です。この章では、あなたを引き止めているものに焦点を当てていきます。それはこれまでの人生で無意識に身についてしまったものかも知れません。それを知ることで、今後どうすべきかが見えてくるはずです。

自分を引き止める五つの障害

人が自分を変えようとするときにぶつかる問題は、次の五つに集約されます。

1 過去
2 学歴
3 自分のこだわり
4 人間関係
5 決断力

1 過去

過去の出来事は、人に強い影響を与えます。心理学者のＨ・Ｓ・サリヴァン氏は、過去が人に及ぼす影響について興味深い研究結果を示しています。

「大人は、心理学的には、これまで経験してきた過去が寄せ集まってできた集合体だ。子供は、幼児期に親が自分をどう扱うかによって、自分の価値を決めてしまう。また、親の育て方を冷静に見て、いい親か、だめな親かを判断する。これが原体験となって、その後の自分のセルフ・イメージや人を判断する基準が決まってしまうのだ」

私たちは、このように過去の体験から無意識のうちに様々なことを学習し、それにより今の考え方や価値観が決まります。あなたにはどんな出来事が影響しているのでしょうか。二十八～二十九ページの十の質問に答えてください。

人の価値観や考え方は、周囲から強い影響を受けます。友人、先生、会社の同僚、祖父母、親戚……中でも、親の影響が一番強いのです。私の両親は共働きで、二人ともひとつの仕事を勤め上げました。彼らの後ろ姿が、仕事に対する私の考えを形づくっていました。

私たちはまた、学校でもひとつの安定した仕事に就くことを教わります。小学校の教科書にも、お医者さんや消防士、警官や看護師などの絵が描かれ、それらを一生続けるのがよいとされます。好きな仕事をして自由に生活するような大人など、まず出てきません。

私は十二歳のときのある出来事を今でも鮮明に覚えています。ある日、学校から戻った私は、両親にこう言いました。「僕、ギターを習いたいんだ」

それを聞いた父は、こう答えました。「何だって。おまえがそんなことをしたってお金と時間の無駄だよ」

6 親が働いていた頃と比べると、仕事の環境はどう変わったと思いますか?

7 親は、自分がやりたい仕事に就いていましたか?

8 やりたい仕事を、親は応援してくれましたか?

9 何か新しいことをやろうとしたとき、身内の誰かに笑われたことがありますか?

10 次の二つのうち、どちらを選びますか?

a　楽しくはないが、お金が稼げる仕事

b　お金はそんなには稼げないが、自分が好きな仕事

Exercise 1

自分に刷り込まれた過去の出来事

1 小さい頃、親が仕事についてもらしていた言葉を覚えていますか?

2 親から、働くことについてどう教えられましたか?

3 あなたが教わった先生は、仕事の選び方をどう教えてくれましたか?

4 あなたが成人するまで、親はいくつ仕事を変わっていましたか?

父:

母:

5 あなたの祖父母は、いくつ仕事を変わっていましたか?

私はこれを聞いて、もう新しいことをしようとするのはたくさんだと思いました。このときの父の何気ない言葉が、私の新しいことにチャレンジする気持ちを奪ったのです。私はこの体験から、新しいことをするのはよくないということを学んでしまいました。また、私の兄もマイナス思考で、いつも私の足を引っ張ろうとしていました。

あなたにとって、このような存在は誰でしょうか。身内や仲間は往々にして批判的です。なぜなら、あなたが彼らより抜きん出て、成功されると困るから。そして集団心理によって、誰も枠からはみでないように、無言のプレッシャーが働くのです。

ところで、先ほどのエクササイズ1での最後の質問で、どちらを選んだでしょうか。多くの人は、「a 楽しくはないが、お金が稼げる仕事」を選ぶでしょう。それは「いつまでも夢を見ているより、堅い仕事で金を稼ぐほうが大事だ」というメッセージが、知らず知らずのうちに刷り込まれているからです。

一般的に、親も学校も「自分が好きなことをすれば、お金はついてくる」とは教えません。私はセミナーなどで、エンジニア、医者、弁護士など、様々な職種の人々に会いますが、その多くが、若い頃の自分の選択に後悔しており、口をそろえてこう言います。

「私は、親の薦めもあって、収入も生活も安定すると思ってこの仕事を選んだ。でも、今や仕事は不安定で、やる気もなくなり、何をしたらいいのかわからない」

これまでの過去が今のあなたを形づくっているのは事実であり、過ぎた過去はもう変えられません。そのときどきの出来事はあなたに偶然降りかかったことで、自分はあわれな犠牲者だと感じる人は多いことでしょう。

しかし、今後も過去の影響を引きずる必要はありません。それを選択するのは自分自身。今、あなたに染みついている古い価値観や考え方は、もう役には立たないのです。自分のキャリアを本当に変えたいなら、悩んでも変わることのない過去を忘れ、変えることのできる自分の能力や、未来の計画に意識を向けましょう。

2 学歴

学歴は、人によっては強みにも障害にもなります。インターネットで中高年層の転職相談フォーラムなどを見ていると、彼らの苦悩がよくわかります。次はある女性のコメントです。

「私は今、シカゴで科学分野のリサーチの仕事をしていますが、この仕事を辞めるつもりです。私は博士号を持ち、本も執筆し、また服飾デザイナーとして賞をもらったこともあるのに、ここ一年これといった成果もないのです。これから、退職後の蓄えを切り崩して、新たなチャンスを探しに、ロサンゼルスに行くつもりです。それにしても、第二の人生をスタートさせるのは難しいものです」

彼女にとっては、高すぎる学歴がひとつの障害になっているのです。高学歴の人は、専門性が高すぎて、その特殊な知識や技術は、他の分野に応用が効きません。たとえば、法律を勉強して弁護士にようやくなったのに仕事がなかったり、どうしても自分には合わないと感じている人などがいい例です。

また逆に、学歴のないことをコンプレックスに持つ人もいます。そのような人は、自分がもっと勉強して知識を得るまで、自分のキャリア転換を先延ばしにしようとします。

しかし、学歴が有利か不利かは、その人自身が決める問題です。実際、学歴の有無はキャリアを転換する上で、ほとんど関係がありません。大切なことは、自分の目指すキャリアに向けて行動を起こすことなのです。

3 自分のこだわり

仕事を変えるのに抵抗があるのは、今までの仕事にこだわっているから。もちろん、よいこだわりもありますが、いつまでも古い価値観のままでいると、目標の達成を妨げたり、将来が見えない今の仕事に縛られたりしてしまいます。

私も、ピープル・エクスプレス航空の経営状態が悪化したとき、再度の転職を余儀なくされました。そこで私はハリス・コーポレーションという会社の、コンピューターのセールス職に応募しました。

当時私の住んでいたオハイオ州では、失業率が一二%という厳しい状況でしたが、運よく私は採用されました。あとでそのときの面接官に聞いてみると、私が選ばれた理由は、他の応募者と違い、自分のホームタウンを離れることを少しも嫌がらなかったからだと教えてくれました。そのときの私は、自分の住み慣れた土地を離れることが、幸運をもたらしてくれたとは、知る由もありませんでした。

さあ、どのようなこだわりが、あなたを止めているのでしょうか？　三十歳までに結婚しなければ……という世間の目でしょうか？　それとも白いフェンスがはりめぐらされた家に住み、子供を二人以上持ち、車が三台入るガレージがなくては成功したとはいえない、という世間の評価でしょうか？

自分のこだわりが、知らないうちに自分の選択の幅をせばめていたり、夢をあきらめたりさせるほどの影響を持つことがあります。次の中で、自分に思い当たるこだわりはあるでしょうか。

- 今、住んでいる家や場所
- 今の人間関係
- 自分が慣れ親しんできた仕事
- 仕事で培った地位や信用
- 勤務場所
- 過去の学歴や職歴
- これ以上好待遇の会社はないという考え
- 親の期待

4 人間関係

夫や妻、両親など、身近にいる人ほど、あなたの転身を妨げることがあります。

「Successful Recareering」(成功する転職)の著者、ジョイス・シュワルツはこう述べています。

「家族や友人のアドバイスは、ときとしてあなたの成功を妨げる」

残念なことに、多くの場合これは真実です。もちろん、彼らに悪気はありません。ただ、知識がなかったり、彼らの育ってきた環境のせいだったり、つまりはあなたを心配するからこそ、そのような否定的な言葉が出てくるのです。

今までに、何か新しいことをやろうとしたとき、身近な人が反対したことはないでしょうか。その人たちを説得するのは、かなりのエネルギーが必要です。大切な人の言葉や態度ほど、あなたの成功を左右するものはありません。

あなたに影響を与える人々は……

- 夫／妻
- 母親／父親
- 兄弟／姉妹
- ボーイフレンド／ガールフレンド

- おじ／おば
- 親友／同僚
- 先生／上司

彼らは確かに尊敬すべき人たちですが、必ずしも彼らの言うことに従う必要はないのです。彼らも、もし本当にあなたを思うなら、意見を言ってはくれるが最終的な判断はあなたに任せるはずです。

しかし多くの場合、そうはいきません。ときに彼らの存在は大きく、知らないうちに暗黙のプレッシャーを感じることもあります。そんなときは、彼らの意見を聞く必要はありません。あなたはもう大人。自分のことは自分で決めるべきです。

しっかりとした信念こそが、無理といわれることを可能にします。たとえ周りに反対されても、自分を信じてそれを貫けば、あなたは自分の人生の主導権を手にすることができるのです。

人の意見を聞いて、もし万が一失敗しても、他人はその責任をとってはくれません。自分が責任をすべてとると決めれば、どんな決定を下すのもあなたの自由なのです。

あなたの考えが他人と違っても、その違いを認めて、応援してくれる人で周りを固めましょう。自分から協力してほしいと頼んでみましょう。それでもだめなら、その人たちとの距離を置くことです。

そして家族には、理解してもらうように働きかけながら、自分が決めた人生設計を貫くべきです。周囲の雑音に惑わされず、自分がすべきことをするようにしましょう。そして自分にプラスになる人や、応援してくれる人とつきあうようにしましょう。

5

決断力

決断力も、あなたを止めている原因のひとつです。決断力を含む思考パターンの多くは、育った環境、教育、職場環境などの後天的な影響によって決まります（ただしダニエル・ゴールマン氏は、著書『ＥＱ　こころの知能指数』（講談社）の中で、すべてが後天的なものではなく、遺伝による原因もあるという研究結果を紹介しています）。

私は、組織全体の意思決定が遅い会社で、その理由を調べたことがあります。その原因は、"The Wall of Shame"（恥をさらす壁）と言われているボードにありました。そこには従業員が冒したミスの報告や顧客からのクレームが名前入りで貼り付けられるのです。これでは行動を躊躇してしまうのも無理はありません。職場環境が社員の決断力を妨げていたのです。さらに悪いことに、多くの従業員がこの悪習を家庭にまで持ち込んでいました。

また、教育が決断力を遅らせる原因になることもあります。あるとき、二十人のエンジニア向けのセミナーを開きました。彼らは分析的思考を訓練されているので、必要以上に物事を分析し始めたのですが、結局、ひとつひとつの言葉の定義にまで質問が及び、進行が予想以上に遅れてしまいました。

このように、教育や職場環境が決断を遅らせる原因になることがあるので、今一度自分を振り返ってみる必要があります。

次に、あなたの決断力を計るテストを用意しました。自分がどれだけ決断が早いか、またためらってしまう理由は何か、それらをチェックしてみましょう。

6 精神的に自立していますか?

a 自立している。自分のことは自分で決める
b 誰か他人の存在が必要。妥協することは苦にならない
c 自立していない。いつも周りの人がほとんど物事を決める

7 決断を素早く下すことができますか?

a できる。後悔することなどない
b 少し時間がかかるが、やがて決める
c 時間をかけないと、決められない

8 人から前向きだと見られていますか?

a はい。友人は私と会うと元気が出ると言ってくれる
b そう努力しているが、ときにマイナス思考になる
c いいえ。私の役割は、人のいやがることを言うことだ

9 失敗したとき、どうしますか?

a すぐに謝り、自分で責任をとる
b 言い訳を探す
c 人のせいにする

10 古い服を捨てないでとっておきますか?

a 新しい服を買ったら、古いものは寄付する
b 古い服には思い出があるので、とっておくものもある
c 高校のときの服をまだ持っている。昔のものをあまり捨てない

Exercise 2

自分の決断力を知る

次の各質問で、a、b、cのうち、今のあなたの行動や気持ちを最もよく表しているものに○をつけてください。

1 難しい決断をくだせますか?

a くだせる。それがどちらに転んでも、責任をとる準備がある
b 仕方ないときにはするが、進んではやりたくない
c 自分には無理だ。ほかの人に任せる

2 リスクを好んでとりますか?

a とる
b リスクをとる際に少し考える
c とんでもない。どうしてそんな危険を冒すのか理解できない

3 自分の決定が反対されたら、どうしますか?

a 自分の意見を、相手を責めないようにうまく押し通す
b なるべく議論を避け、相手が折れてくれるのを望む
c ほかの誰かに最終判断を委ねる

4 人の期待に応えることは重要ですか?

a 重要ではない。自分に正直であることが一番だ
b できるだけそうしようと努力するが、限界がある
c とても重要だ

5 論理的に物事を考えますか?

a 論理的ではない。細かいことはあまり気にせず、まずはとりかかる
b 少し考えてから、行動する
c とても論理的だ。すべてをよく考えてからでないと動けない

テストは以上です。
採点方法：a＝10点、b＝5点、c＝1点として、合計点数を出してください。

決断力の評価

100点

おめでとうございます！　あなたの決断力はまさに理想的です。今後のキャリアの転換にもきっと役立ちます。自分が決めたゴールへ登っていくのに必要な決断力を備えています。あとはこの本を読み進み、ベストを尽くすだけです。それが実現への近道となります。

75～99点

あなたの決断力は、とても優れています。パーフェクトではないが十分。行動の妨げとなる精神的な障害にぶつかることもありますが、それに負けない力を持っているはずです。障害にぶつかっても、自分を信じて、それを乗り越えていきましょう。

50〜74点

あなたの決断力はまずまず。大きな決断力を持てる素質は十分にあります。しかし、いくつか乗り越えなければならない弱点があります。それらは、他人を喜ばせようとしすぎたり、考えすぎる傾向があったり、ときに不安に屈してしまうことなどです。各設問のa欄は、決断力を持つために必要な行動や心がまえを表しているので、それを参考に自分の改善点を見つけましょう。またこれをもとに、自分の決断力を高めるための方法を考え、それをリストにしましょう。

25〜49点

あなたの決断力は平均以下です。これは今後のキャリアの転換の障害になります。他人を喜ばせようとする、考えすぎる、人に依存する、リスクを恐がる、結果に対して責任がとれないなど、これらの行動をよく見直しましょう。各設問のa欄は、これらを克服するのに必要な姿勢を表しています。これを参考に、自分の決断力を高める方法を考え、それを実践しましょう。

24点以下

あなたの決断力は十分ではありません。石橋を叩きすぎて、自分でそれを壊してしまうタイプです。これはあなたのキャリア転換においても大きな障害となります。主な問題は、他人を必要以上に喜ばせようとする、考えすぎる、人に依存する、リスクを恐がる、結果に対して責任がとれないなどです。自分の決断力を高めるための方法を考え、それをリストにしましょう。今のままでは、仕事にもプライベートの行動にも支障をきたすはずです。

Exercise 3

何があなたを止めているのか？

この章で見てきた内容を参考にして、仕事を変える上で妨げになっているものを書き出しましょう。

1

2

3

4

5

6

7

8

9

10

Week 1

本当にやりたいことを決める

あなたは子どもの頃、何に夢中になっていましたか？
そして今は何にやりがいを感じていますか？
子ども時代や今を振り返ってみると、
本来のやりたいことや成し遂げたいことと
現状との差に気づくはずです。
WEEK1は過去の振り返りなどを通して、
本当にやりたいことを明確にしましょう。
やりたい仕事を見つけるためには
本当の自分を振り返ることから始めましょう。

Day

01

今日のアクション

子供の頃の夢を思い出す

自分の新しい道を切り開いていくときには、幼年時代にさかのぼってみるとよいでしょう。そこには、自分らしい生き方のヒントがたくさんあります。

次のエクササイズで、子供の頃に楽しかった出来事を思い出してみましょう。すべてを思い出さなくても、印象に残っているものだけで十分です。

私がこれをやって思い出したのは、驚くことに、今、自分がすでにやっているか、これからやりたいと思っていることばかりでした。

たとえば、小学校四年生のとき、大好きだった担任の先生に詩を書いてプレゼントをし、先生がその詩をとてもほめてくれたおかげで、今日、書くことが好きな私がいます。また、小中学校では合唱クラブに入り、そこで楽器の弾き方を教わりながら音楽の知識を身につけました。当時から、私は作詞作曲をして自分のオリジナル曲をいくつもつくっていました。また、父からは、庭で父の土いじりを手伝いながら、自然を愛することを学び、野菜や花の育て方や、生垣や庭木の刈り込み方も教わりました。私が子供の頃に楽しかったことは、次のようなものです。

- 庭に植物を植える
- 詩を書く
- 家のあちこちを修理する
- キャンプ
- 模型飛行機
- ペットの世話
- 木登り
- 人と違ったことをする
- 映画
- 休み時間に遊んでいたゲーム
- 写真クラブ、演劇クラブ

Exercise 4

子供の頃に夢中になっていたこと

さて、次はあなたの番です。子供の頃にした遊び、趣味、習い事、勉強などで楽しかったものを思い出してください。いくつ書き出せるでしょうか。これらは夢のキャリアを探るうえで、とても大きなヒントとなるはずです。

1

2

3

4

5

6

7

8

9

10

Day 02

今日のアクション

今、やってみたいことを書き出す

学校の行事や課題

私は四十歳のとき、突然アイスホッケーに目覚めました。それまでゲームすら見たことがなかったのですが、始めて四年以内には全米公認のレフリーの資格をとるまでになりました。またその後、独学で料理の勉強を始めました。これも大人になってから興味を持ったことです。このように、大人になってから興味を持つものもたくさんあるのです。

今のあなたがやってみたいと思うことを書き出してみましょう。「子供の頃に夢中になっていたこと」のリストも参考にしながら、今の自分がやっていて楽しいことを書くのです。それは趣味の世界かも知れないし、あるいは、プレゼンテーション、人に教えること、企画、営業活動など、これまでの仕事の中で自分に向いていると思ったものかも知れません。できるかどうかは別にして、思いつくまま書き出してみましょう。

6

7

8

9

10

Exercise 5

今、やってみたいと思うこと

1

2

3

4

5

Day 03

今日のアクション

選択肢を三つにしぼる

さて次に、先ほどの「今、やってみたいと思うこと」のリストを、より現実的な仕事に落とし込んでみましょう。書き込んだリストをすべてやり遂げるのは現実的ではないでしょう。もし可能だとしても多大な労力と時間がかかってしまいます。

優先順位をつけて、よりやりとげたいことをしぼりましょう。リストの中から、可能性のありそうな選択肢を三つ選びます。三つ書き出すことで、あなたの可能性を多方面に広げることができます。

さらにこのとき、「やってみたいこと」を仕事に置き換えてみましょう。自分の利益だけでなく、他人の利益にもなるようにより、幅広い視野で考えてみましょう。

この選択は今後変わっても構いません。大事なことは、まずは三つの選択肢を決めて、行動を起こすことです。

ここで選んだ三つの選択肢は、これからのアクションの大きな土台となりますので、しっかりと覚えておきましょう。

Exercise 6

今のあなたがやってみたい仕事トップ3

1

2

3

Day

04

今日のアクション

「必ずうまくいく」と信じる

やってみたい仕事を三つ選んだのはいいが、本当にできるのだろうかと不安を感じている人も多いでしょう。それは皆同じです。しかし、残念ながら、不安がゼロになることはありません。

あなたに必要なことは、不安を抱えながらも、この本の三〇のアクションを実行してみることです。自信はあとからついてきます。まずは、はじめの小さな一歩を踏み出しましょう。それには、「できる自分」を演じること。俳優になったつもりで、すでに成功し、自信を持っている自分を演じましょう。こうすれば、あなたのエンジンはゆっくりとスタートするはずです。

今、大成功しているどんな人でも、最初は自信などなかったはず。彼らも、今のあなたと同じように不安に押しつぶされそうになりながらも、「自分はできる」と信じて一歩を踏み出したからこそ、今の成功があるのです。自分にとって未知の分野の仕事は、やってみなければわかりません。しかし、やるからには「必ずうまくいく」と確信を持つことが大事です。信ずるものに道は開けるのです。

Day

05

今日のアクション

あなたに期待し、応援してくれる人で周りを固める

私たちは夫、妻、父、母、親友など、身近な人から強い影響を受けています。その人たちはあなたの身を案ずるがあまり、収入や安定によって仕事を薦めるかもしれません。彼らのアドバイスや期待に応えようとして、自分が本当にやりたいことをあきらめてしまう人もいます。

自分の周りを、あなたのキャリア転換を心から応援してくれる人で固めましょう。今までの学歴や仕事の経験より、これからのあなたに期待をし、あなたの意志を尊重してくれる人と多く接するようにするのです。そういった人たちのプラスのエネルギーは、あなたのやる気を引き出してくれるはずです。

また、家族はあなたを応援してくれているでしょうか。あなたは、誰のための人生を生きているのでしょうか。配偶者か、それとも両親、または上司や親友のためでしょうか。

もちろん、身近な愛すべき人を無視しろと言っているのではありません。ただ、自分のキャリアを考えるときには、まず自分の意志が大切です。そうすることで初めて、周りの人を愛することができ、その人の人生に貢献できるのです。

仕事と家庭は、常にバランスをとることが大事です。そのポイントを次にまとめました。

仕事と家庭を両立させるコツ

- 仕事以外では家庭を優先し、家族との時間を大切にする
- 両親の意見も聞き、その上で自分がベストだと思うことをする
- 夢を家族に話したあとは、努めて明るくふるまう
- プロのコーチの意見を聞く

Exercise 7

あなたに期待し、応援してくれる人

1

2

3

4

5

Day
06

今日のアクション

マイナス思考の人の意見は聞かない

私たちは、家族は選ぶことはできませんが、つきあう友人は選択することができます。もし鷹のように空高く舞い上がりたいなら、地上で飛べないめんどりたちと戯れている暇はもうありません。友人をここでもう一度考え直してみましょう。その中に、あなたの見本となり、応援してくれるよき理解者は何人いるでしょうか。

マイナス思考で批判的な人たちとつきあう必要はありません。すぐに彼らとは距離をおきましょう。何を言っても無駄です。その人たちを変えようとはしないことです。

あなたの人生に有益でない人たちに時間を割く理由はないのです。もっと前向きかつクリエイティブで、あなたにとって学ぶものがある人と時間を過ごすべきです。あなたはもう大人です。自分の選択をするのはあなた自身です。これを忘れてはいけません。

Week 2

新しいスタートに向けた準備を始める

WEEK1で本当にやりたいことがわかったら、
次はそれに向けた準備を始めましょう。
やりたいと思うだけでは
いつまでたっても目標は達成できません。
そのためには自分の強みを知ったり、情報を集めたり、
あるいは適切なアドバイスをくれる人を
見つけることが必要です。
WEEK2ではそのような準備のアクションを起こすことで、
目標に向けた土台づくりを行います。

Day

07

今日のアクション

やってみたかったことにチャレンジする

夢のキャリア実現への第一歩は、子供の頃の好奇心を思い出し、新しいことにチャレンジすること。これを機会に、今までの自分から飛び出してみましょう。

数年前、私は、かねてからやりたかったアイスホッケーに挑戦するため、忙しい合間をぬって一週間の休みをとりました。スケートリンクに立つのは初めてにもかかわらず、九十分以内に、私はスケート靴を買い、リンクを滑り、個人レッスンの予約までとりつけていたのです。新しいことにチャレンジするのは、何と刺激的なことでしょう！　今でもスケートリンクにいるとき、自分がそこにいることが信じられないことがよくあります。余談ですが、私はこの趣味を小さなビジネスに発展させ、アメリカンホッケー協会を設立するまでになったのです。

ＤＡＹ03であなたが選んだ三つのキャリアは、未知の分野かも知れませんが、思いきって今までの自分を抜け出し、それに一歩でも近づけるように、今できることをやってみましょう。はじめからお金をとろうとせず、ボランティアでもよいのです。やろうと思えば必ず道は開けます。

Day 08

今日のアクション

自分のイメージに従って動いてみる

自分の今までの枠を飛び出すためには、自由に思いきった行動をすることが重要です。普段の自分ならしないような考え方や行動をあえてしてみましょう。

たとえば、電車に飛び乗って、ずっと住んでみたいと思っていた町を訪れてみる、あるいは週末、ホテルや山あいのキャンプ場でテントを張って、自分と向かい合ってみる……こんな具合に。また、助けてくれそうな人に電話をかけたり、図書館やインターネットでそのキャリアに関して調べることもできます。

もし独立してコンサルタントになりたいのなら、どんな場所にオフィスを構えたいのか、実際に物件を見にいってみましょう。そして自分の会社名を決め、名刺や会社案内をつくってみることもできます。

またクライアントリストをつくり、その人たちに向かってプレゼンテーションしている自分を思い描くこともできます。自分が乗るにふさわしい車のディーラーに行って、試乗させてもらうのもよいでしょう。視覚イメージ、さわった感触、室内の革張りの香り……これらの五感に訴える刺激は、あなたをやる気にさせてくれます。

このように、選んだキャリアに関することで、できることはいくらでもあるのです。できるだけクリエイティブになること。自分のイメージが膨らめば膨らむほど、それを実現させようというエネルギーがたまっていきます。頭だけで考えず、夢中になって楽しんでみましょう。

Exercise 8

理想のキャリアのイメージを書き出してみる

思い描く理想のキャリアで、あなたはどんなことをしているでしょうか?働く場所や人、あるいは家族や趣味など頭に浮かぶイメージを書き出してみましょう。

1

2

3

4

5

Day 09

今日のアクション

自分の強みを書き出してみる

新しい仕事へのヒントは、実はあなたの中にあります。ここで考えてほしいのは、これまでやってきた仕事の内容ではなく、あなたにそなわっている人間的な素養のことです。人の気持ちを察するのがうまい、人をサポートするのが得意、新しいアイデアを考えるのが好き、などの能力は、ほかの仕事でも応用が可能です。これを活用することで、新しい仕事に就いても、堂々と仕事をこなすことができるはずです。

私がアイスホッケーを一度もしたことがないのに、アメリカンホッケー協会を始められたのは、自分の強みを活かせたからです。持ち前の起業家精神で協会を設立しました。マーケティング活動は元々好きな分野であったし、長年の人事部門での経験は、ホッケーのコーチとして人を育てるときに役立ちました。

旧約聖書にもあるように、太陽の下では、未知のものは何もないのです。つまり、自分が成功するために必要なものは、すでにあなたの中にあるのです。

次のエクササイズで、自分の強みを見つけましょう。それらを積極的に活かすことであなたの夢は実現し始めることでしょう。

Exercise 9

新しい仕事に活かせる自分の強み

自分が人より得意だと思えることを10個書き出します。経理、弁護士、営業のような今までやってきた職種ではなく、人前で話すこと、交渉すること、ユニークな企画を考えること、分析することなどのように書いてみましょう。

1

2

3

4

5

6

7

8

9

10

Day

10

今日のアクション

メンターやロールモデルを見つける

メンターとは、よき師や助言者、そしてロールモデルとは自分の模範になるような人のことをいいます。

私は、これまでの人生で、多くのメンターやロールモデルに出会ってきました。一人目は、十六歳の時に出会ったレオナルド・エバンス牧師。当時、彼はプリンストン神学校を卒業したばかりで、奥さんと一緒にオハイオに移り住み、小さな町の教会の牧師でした。

礼拝に何度か出席するうちに、私はエバンス牧師をとても好きになりました。彼の持論は「一番大切なことは、お互いを愛せよということだけだ。それ以外の細かなことは特に重要ではない」というものでした。他の牧師たちは彼を異端視していましたが、信者はみな彼の意見に賛成していました。私は彼にとても共感しました。エバンス牧師は一九九八年に亡くなりましたが、彼は私に強い影響を与えたメンターです。彼から教わったことは数多くあります。

また、ピープルエクスプレス航空で働いていたときにも、私には何人かのロールモデルやメンターがいました。彼らは百人に一人という狭き門をくぐって採用された優秀な仲間でした。私は彼らを尊敬し、その仕事のやり方を身につけようと努力しました。

スカンジナビアン・コンファレンス・センターホテルのCEO、ジョージェン・ロエド氏は、今も私の大切なメンターの一人です。彼はリーダーシップのロールモデルでもあります。今、私が多くの組織のCEOをコンサルティングするときに、彼との関係はとても役に立っています。

このように、メンターやロールモデルは、人生を実りあるものにするためにも、持つべき存在なのです。彼らは、未知の海での水先案内人のような役割をしてくれるでしょう。彼らの意見に耳を傾けることは、あなたのキャリア転換を成功させる大きなカギとなります。

メンターやロールモデルを持つメリットを次にまとめました。

- 新しい分野に必要なスキルを教えてくれる
- 成長するために必要な課題を与えてくれる
- キーパーソンを紹介してくれる
- フィードバックやアドバイスをくれる
- 成果を上げたときには、それをほめてくれる
- 目標を設定するときに、手助けしてくれる
- ときとして、たった一人の友人となってくれる

これまでの人脈を使って、メンターやロールモデルを探してみましょう。あなたを理解し、手を差し伸べてくれる成功者はたくさんいるはずです。これまでのつきあいの中で、仕事上でも人間的にも尊敬できる人を思い出してみるのです。もし見つからない場合は、お金を払ってコーチを雇ってもよいでしょう。それに投資する価値は十分にあります。

Day

11

今日のアクション

キャリアについての情報を集める

新しい仕事に就く前に、できるだけそれに関する情報を集めましょう。たとえ初めての分野でも、最低限の知識は身につけておくことです。私は、アメリカンホッケー協会を始めるまでは、オフサイド、ハットトリック、チェッキング、フェイスオフなどのアイスホッケー特有の用語などひとつも知りませんでしたが、事業を始めると決めてからは、単語カードにそれらをメモして、飛行機での移動中に片っぱしから覚えるようにしました。

しっかりと時間をとって、夢のキャリアについてできる限りの情報を集めましょう。三日もあれば、その道の専門家になれるはずです。そのためのヒントを次にあげました。

自分でできるリサーチのヒント

- 図書館に行く
- その分野の教授や専門家とランチを共にする

- 大きな書店で関連のある書籍を手にとってみる
- 関連する雑誌を購読する
- 雑誌の記事を切り抜いてスクラップする
- 自分のビジョンを多くの人に話しておく（そうしておくと、情報が集まる）
- 関連するテレビやビデオを観る
- インターネットで検索する
- 関連する組織や団体に加入する
- セミナーに参加する

Exercise 10

キャリアについての情報

1

2

3

4

5

Day 12

今日のアクション

自分が目指す人たちの輪に加わる

あなたが目指している業種の人たちが参加している集まりに、積極的に顔を出してみましょう。同じ業種の研究会、商工会議所などの集まり、プレゼンテーション技術の研修会など、インターネットなどで探せばたくさん見つかるはずです。自分が手に入れたいライフスタイルやキャリアをすでに実践している人たちとの交流は、とてもよい刺激になるでしょう。そこから仕事のチャンスが広がることもあります。自分を積極的に売り込み、あなたのビジョンをシェアしましょう。

また、自分でそのようなグループをつくってもよいでしょう。自宅で、二、三人で始められるようなインフォーマルなものでも構いません。同じ興味を持っている人が、月に一回ほど集まり、情報を交換できれば十分。ミーティングでは、前回のミーティング以来の出来事をシェアし、人のネットワークやビジネスの機会を広げるようにしてみましょう。

Day 13

今日のアクション

ボランティアで道を開く

「無給で働くなんてとんでもない」という考えは捨てたほうがよいでしょう。夢のキャリアの実現には、報酬なしでする仕事が役立つこともあるのです。打算的にばかり考えていると、このボランティアという考えはあまりしっくりこないかもしれません。特にその仕事が何日にも、何週間も、何ヶ月にも及ぶ場合には。しかし、ボランティアを経験することにより、貴重な経験や新しい人とのつながりなどを無料で得ることができるのです。これはお金に変えられない価値があります。

あなたの新しいキャリアに役立つボランティアの仕事は、身の周りにたくさんあります。

ボランティアをする方法

- 社内で自分の仕事が終わったあとに、興味のある部門に出向き、仕事を手伝わせてもらう

- 非営利団体（慈善団体、公共サービス団体など）で興味がある分野での仕事を手伝えるかどうか聞いてみる
- 今の自分が提供できるサービスを体系化し、それを無料で提供する。人がお金を払ってくれるのを待っていてはいけない。十分な経験と信用を得られるまで、ボランティアでサービスを提供する。そうすることで、やがて対価を得られるようになる

このように、その気になれば、明日にでもボランティアを始めることができます。以下にボランティア活動のメリットをまとめておきます。

- 新たな技術が身につく
- メンターやロールモデルと出会える
- 無料でトレーニングが受けられる
- 人から喜んでもらえる

- 履歴書に記入する実績が得られる
- リーダーシップの練習ができる
- 新しい人脈をつくることができる
- 退屈な人生から脱却できる

Week 3

目標への道筋を描く

WEEK2で目標への準備ができたら、
次はプランを立てましょう。
いい準備ができたとしても、
適切なプランがなければ実際の行動には移せません。
最終的なビジョンを思い描き、
それに向かった具体的なプランを立てましょう。
しかし、必ずしもプラン通りにことが運ぶとは限りません。
そういった場合も含めたプランづくりへのアクションを
WEEK3では行っていきます。

Day

14

今日のアクション

目標につながる勉強を始める

ボランティア活動はもちろん実績になりますが、あなたのキャリアをより伸ばすためには、きちんとしたトレーニングを受けることも重要です。

人は大人になってしまうと、自分から学ぼうとする姿勢を忘れてしまいがちです。しかし、それを面倒くさがらず、自分が成長するためのステップだと思って取り組むこと。次に挙げたのは、これに挑戦したある人たちのエピソードです。

シアトル在住のガイヤー氏は、セメント関連の会社に勤めていましたが、四十歳にして年収一千万円以上の仕事を捨て、ダートマス・タック・ビジネススクールのＭＢＡ（経営学修士）コースを受けるために、家族で東海岸のニューハンプシャー州に移り住みました。彼の決断は周囲を困惑させましたが、彼に迷いはありませんでした。彼はこう言っています。

「ＭＢＡは、今まで関係がないと思っていた新しい分野へのチャンスを切り開いてくれた」

ビジネススクールを卒業後、ガイヤー氏は前の会社からの復職の依頼（もちろん高給で！）を断り、ウォール・ストリートでの金融関連の仕事を選び、まったく新しい分野へと挑戦し始めたのです。

また、自動車メーカーのＧＭに勤めるエンジニアのデイビッドは、職場でリストラが進む労働環境の変化の中、大学で修士号をとって自分を向上させたいという気持ちを持ち続けました。車での四十五分の通勤時間には経営学の音声学習をし、夜は大学院のコースに通いました。

彼らのように、大学院や社会人向け講座で学んだり、学習用のオーディオ教材や通信教育を利用することで、自分のスキルを高め、夢のキャリアに一歩近づくことができます。必要に応じて、きちんとした資格をとることも大切です。

Exercise 11

目標につながる勉強は?

1

2

3

4

5

Day 15

今日のアクション

「すべては自分次第である」と決心する

世の中には、自分に責任をとっていない人がたくさんいます。仕事についていながら、不満ばかりを口にして、何も行動しようとはしない人。悪いことが起きるといつも周りのせいにする。

そんな人は、自分は常に犠牲者で、悪いのはすべて自分以外の人だと考えています。周りにそのような人はいないでしょうか。その人とは近い関係でしょうか。もしかしたらそれはあなた自身ではないでしょうか。

かつては、企業が終身雇用を保証してくれた時代もありました。習得が必要な技術があれば、会社でそのトレーニングを受けさせてくれました。

しかし、今日のような厳しい経済状況では、個人が自らのキャリアパスに責任を持たねばなりません。あなたに注意を向けてくれる人は誰もいないのです。仕事の保障は何もなく、自分で自分の身を守らねばならない時代なのです。

あなたはパソコンを十分に使いこなせますか？　業界紙などから、最新のトレンドや状況をつかんでいますか？　自分を常に磨いていますか？　もう一度言いますが、自分でやらなくては、誰もそれをやってはくれないのです。

もしどうしても職場が自分に合わないと思ったら、思いきって職場を変えることです。どの会社も、一人を一生、会社にとどめておくことはできません。私たちは起きている時間のほとんどを仕事に費やしています。その時間をつまらなく過ごすなんて、なんともったいない話でしょう。

今日のテーマは「すべては自分次第」ということです。

さあ、ここで大きく深呼吸をしましょう。そして、他人に頼る人生は終わりにして、自分が成功するための責任を自分でとりましょう。

人は自分がやりたいと思ったことは何でも達成できる力を持っています。人は実現可能なことしかイメージしないのです。それを実際に起こすかどうかは、あなた次第。

自分の考え、行動、言葉、すべてに対して責任をとりましょう。犠牲者の立場をやめ、すべては自分から始まると考えるのです。そう決断したときから、あなたの人生は大きく動き始めます。

Day

16

今日のアクション

具体的なプランをつくる

今の自分と、理想の自分との間に橋をかけるために、まずはプランを立てましょう。これは、あなたを目的地まで安全に導いてくれる地図のようなものです。

効果的なプランには、具体的な行動が含まれていなければなりません。新約聖書の「ヤコブの手紙」には、こんな一節があります。

「信念だけあっても、行動しなければ何の意味もない」

本当に夢のキャリアを実現したければ、プランに具体的な行動計画を書き、それを実行することが必要です。誰でも夢を語ることはできますが、もし本当に結果がほしいなら、自分で決めた行程を実際に歩いていくことです。行動が伴わない信念は、ないも同然なのです。

次にうまくいかないプランと、うまくいくプランの例を挙げてみました。

うまくいかないプランの例

- しばらくそれを考えてみる
- そのときがきたら、どうするか考える
- 状況がよくなるかどうか、ちょっと様子を見る
- 休暇が終わったら、それをやる
- 私には才能がある。だからきっと、誰かが声をかけてくれると待つ
- もっと勉強して準備ができてからやる
- いつかチャンスがやってくる
- それを見ればきっとわかる

これらはすべてあいまいで、結局何も手に入れることはできません。うまくいくプランとは次のようなものです。

うまくいくプランの例

- 二週間以内に、最低一人のメンターを見つける
- 土曜までにボランティア活動を始める
- 私の新しいキャリアプランを、水曜の夜に家族に話す
- 今日から、日に一時間、インターネットや本屋で新しいキャリアを調べる
- ある団体の月例ミーティングに参加する
- 週に五人に電話をかけ、ネットワークを広げる
- 日曜日までに履歴書を書く
- 経験のためにパートタイムの仕事に応募し、二週間以内に働き始める
- 日に十社に電話をかけて、自分の技術やサービスを無料で提供する企業を一週間以内に三社見つける

これらには、具体的な期日や数字が明示されているので、計画を押し進めていく力があります。これを参考に自分の行動プランを立ててみましょう。

Day

17

今日のアクション

短期計画と長期計画を立てる

夢のキャリアプランを立てる際には、二つのプランが必要です。ひとつは「短期計画」、もうひとつは「長期計画」です。

短期計画は、今日から三〇～六〇日間の計画で、長期計画は、六〇日から一年後までの計画のことです。まず短期計画に集中することにより、次の長期計画への準備ができます。この短期計画は、シンプルかつ簡単なもので構いません。いわばあなたのエンジンをかけるスターターのようなもの。これにより徐々にエンジンがかかり、二つ目の計画でもっと大胆な行動へとあなたを導いてくれます。

短期計画には、たとえば履歴書を新しくする、特定の人に電話をかける、自分のサポートグループをつくる、などが含まれます。これらの作業は、今の仕事をしながらでも十分にできるはずです。

一方、長期計画には、自分の製品やサービスのモデルをつくる、もっと経験を積むためにある仕事に就く、最初のプレゼンテーションの日程を決めるなどが含まれます。これらは、すぐにできるものではなく、まずは短期計画がきちんと実行されてこそ、成功するものといえます。これら二つのプランがあって初めて、新しいキャリアの第一歩はスタートするのです。

なぜ、プランを立てることが必要か？

- 資金が必要な場合、その金額、調達方法、またその返済方法をはっきりさせる
- プランの存在は、毎日自分にそれを思い起こさせ、行動に駆り立てるきっかけとなる
- プランは、自分の行き先とその方法を明確にする。成行きに任せていては何も起こらない
- よいプランは、時間とお金を節約し、結果に結びつく行動にのみ集中することができる

● 紙に書いたプランがないと、自分がやっていることを真剣に受け止めることができない

プランは、あなたの夢のキャリアを現実にする、最も大切なものなのです。

Day

18

今日のアクション

ビジョンを書き出す

ある年老いた船長が、未開の海への冒険に出発するために、勇敢な数十人の船乗りを集めました。港を出発したあと、ひとりの若い船乗りが船長にたずねました。

「船長、我々はどこへ向かっているんです？」

船長は、自分の勘と経験から進むべき方向を知っていたので、それには答えず、黙って自分の言う通りに船を進めるように指示しました。ある日、船は突然嵐にみまわれ、一晩中海は荒れ続けました。明け方になってようやく海は静けさを取り戻しましたが、ふと気づくと船長が意識を失って倒れていたのです。船乗りたちは、どの方向へ船を進めるべきか、まったくわかりませんでした。彼らの意見はまとまらず、結局救命ボートを下ろして、船長を見捨てて船を離れました。

この船長は、航海の目的地をはっきりと掲げなかったのが大きな間違いでした。このようなことがないように、計画を書くときには、まず一ページ目に自分の目的地であるビジョン（理念）を書きましょう。目的を明確にすることで自分の進む道を確認することができ、またあなたを助けようとしてくれる人も、手を差し伸べやすくなるはずです。

プランの一ページ目はこう書きます

短期、長期の各プランについて、まずはサマリー（要約）を書きます。それには次の質問が参考になります。

- なぜこれをやりたいのか？
- 短期的には、何を達成したいのか？
- 長期的には、何を達成したいのか？
- これをすることで、どう自分が変わるのか？
- これをすることで、自分の周りにいる人にどう役立つか？
- これをしないとどうなるか？

- 現状からどうやってシフトしていくのか？
- これをすることで、自分はどこへ向かおうとしているのか？
- この計画のあと、次に何をするのか？

自分の新たなキャリアを探す際には、先ほどの船長のように、自分の勘や推測だけに頼るのはやめましょう。もちろん、それらが役に立つときもありますが、それはあくまでもプランを補う二次的なものです。一ページに要約された目的のサマリーがあれば、人にもわかりやすくなります。それを見せる相手は将来のクライアント、メンター、またはメディアの人かも知れません。

さあ、ここで少し時間をとって、WEEK1で選んだ新しいキャリアの三つのアイデアについて、DAY16からDAY18で説明したポイントを参考に、二、三ページのプランを書いてみましょう。それぞれのプランについて、ビジョンを盛り込んだサマリーをつくることを忘れずにしましょう。

Day

19

今日のアクション

プランは変わるものと覚えておく

プランはそのつど発展し、変わっていくものです。はじめに決めた通りに進まなくてもあせることはありません。あなたのプランには柔軟性を持たせましょう。一番の近道が直線とは限らないのです。

次に紹介するのは、自ら夢のキャリアを実現したテミー・スミスさんのエピソードです。

「私はこれまで様々な仕事をしてきましたが、結婚し子供ができたので、ここ数年仕事から離れていました。ようやく家庭が落ち着いてきたので、そろそろ仕事に復帰したいと思っていました。また、経済的にもそうせざるを得なかったのです。私は、セールスの仕事をしたかったのですが、はじめは無理だと思っていました」

「二週間後にある仕事が決まったのですが、それは私の理想とはかけ離れたものでした。その会社は製造業の会社でした。私にはまるで経験のない分野です。はじめの仕事は受付でした。私は本当はセールスの仕事をしたいのに……。まったく畑違いの仕事だとは思いましたが、必ず可能性はあると信じていたのです」

「人生において、ときには自分をアピールしなければならないことがあります」

とスミスさんは続けます。

「受付業務を二ヶ月間やった後、今度は六ヶ月間秘書の仕事をこなしました。これは永遠に続くと思われましたが、そんなとき、私のそばで働いているエンジニアが、セールスの仕事も兼任していることを知ったのです。『セールス』……。この言葉は私にとっては魔法のようなものでした」

「そして私は自分をセールス・マーケティング部門のコーディネーターにしてくれるよう、そのエンジニアに頼んだのです。何とかそのエンジニアは了解してくれました。こうしてきっかけをつかんだ私は、何としても、自分のセールスの能力を証明する必要がありました」

「次の一ヶ月間、私は当社で発行している雑誌の赤字分を埋めるために、スポンサーの広告収入を集めるという仕事を任されました。そして誰も予想だにしていなかったことですが、その中で一番の売上を私があげたのです。私はその仕事を二週間でやりとげました。これで私は、セールスのキャリアパスが自分の目の前に広がるのを確信したのです。もうただの主婦ではありません」

スミスさんは、誰よりも「夢のキャリアへの道は必ずしもまっすぐではない」ことを知っている一人です。彼女のゴールは、セールスの仕事をすることでしたが、はじめはまったく違う受付の仕事に就かされていました。しかし、彼女はいつかチャンスがめぐってくることを信じて、それに根気強く耐えたのです。彼女が望みどおりの仕事を手にするまで約一年かかりましたが、彼女はこう言っています。

「私の経験から言えることは、自分ができないと思っても、できると信じ、そして実際に行動することです。そうすれば必ず神様がほほえんでくれるときがやってきます」

あなたのプランも、ときとして変化するでしょうが、それは当たり前のことです。そんなとき、家族や友人はそれを失敗と言うかも知れませんが、それは間違いです。プランというのは、常に変化していくものなのですから。

夫や妻、または友人などからそれを批判されても、笑顔でそれをやり過ごしましょう。批判されるのは、あなたは普通でないことをしているから。この世で数少ないうちの一人であることの証といえます。これは喜ぶべきことです！

普通の人は批判の対象にはなりません。そういった人々はあたりさわりのないゾーンで生きていて、人生を変えるようなチャレンジは何も起こしていません。しかし、あなたは違います。あなたは自分のキャリアを変え、それによって人生を変えようとしているのです。プランが多少変更になってもそれを受け入れ、批判されても、それは必ず起きる抵抗のひとつだと理解して、笑ってそれを受け流すことを学びましょう。

自分に合ったキャリアを手にする旅の途中には、行き止まりや、細い路地や、ときには目も止まらぬ速さで進む高速道路もあるでしょう。しかし、これはあなたを経済的自由と自己実現へと導いていく旅なのです。キャリアの転換はこじんまりとしたものではありません。あたかもひとつの爆弾が爆発するような出来事です。

多少の傷を受けることもあるかもしれませんが、心配することはありません。この爆発によって、行動を起こさなかったら発見できなかった金脈が、山の中から見つかることだってありえるのです。前述のスミスさんのように、キャリア転換は、自分をアピールするという、ほんの小さなきっかけによって起きることが多いのです。

『理想の自分になれる法』(廣済堂出版)の著者、シャクティ・ガワイン氏は次のように述べています。

「人生は、川のようなものだ。多くの人は川のわきの水溜りにとどまり、流れに身を任せてリスクをとって進むことを恐れる。しかし、ときには覚悟を決め、水の勢いに身を任せ、安全に流されることを信じるしかないこともある。こうして初めて、人は『流れと共に進む』ことを覚え、そしてその素晴らしさを知るのだ」

ときには、うまく事が運ばずに代償を払うこともありますが、それは失敗ではありません。何かに挑戦している人だけがこれを体験でき、そして周りからの批判を受けるのです。いわば、これはその勇気ある人にだけ与えられる勲章のようなものです。失敗を繰り返しても、最後に成功すればよいのです。さあ、勇気を持ってどんどん前に進みましょう。

Day 20

今日のアクション

不安とのつきあい方を知る

さあ、あなたは自分のキャリア転換プランをすでに実行し、「これから新しい人生を切り開くのだ」と決意に満ちていることでしょう。しかし、同時に、不安もたくさんあるのではないでしょうか。失敗に対する恐れや不安は、知らないうちに忍び寄り、心の中をいっぱいにしてしまいます。しかし、その不安に負け、せっかくの夢をあきらめてしまうのでしょうか。

自分のキャリアを変えるのは、簡単なことではありません。自分の身の周りに変化が必ず起きます。変化する、ということに、人は不安を感じるのです。それは安全ですべてを知っている分野から、未知の、予想すらできない分野へ足を踏み入れることです。夢のキャリアを追っていくことは、今まで経験したことのない分野へと進んでいくことです。不安や恐れに負けてはいけません。それを抱えながら、とにかく一歩を踏み出しましょう。

キャリアアップ・コーチであるローズマリー・オーグスティンは、人が仕事を変えるときに抱える不安は、次の三つであるとしています。

- 知らないことへの不安
- 失敗すること、または、成功することへの不安
- 拒否されることへの不安

そして、これらの不安は次のように考えることで解消できるといいます。

「知らないことへの不安は、まるで底なし沼に足を踏み入れるような感覚だ。常にすべてを把握しなければならないと考えていると、少しでも変化が起きたときに、気持ちが落ち着かなくなってしまう。すべてを把握するなど誰にもできない。だから自分を信じ、勇気を持ってこの底なし沼に足を踏み入れるしかない。そうすることであなたの許容範囲は少しずつ広がり、成長することができる」

「失敗への不安と、成功への不安は表裏一体だ。人は失敗することを恐れる

あまり、成功するためのリスクをとらずに、失敗するように自分を仕向けてしまう。失敗への不安は、前に進むのを引き止め、成功を邪魔する。いったんこれが前に出てしまうと、失敗のイメージがより強くなり、結果的にその失敗を達成してしまう。だから、失敗することを考えるのではなく、うまくいったときのことを考えて一歩を踏み出すべきだ」

「断られることへの不安は、転職だけでなく、人生のあらゆる場面につきまとう。営業職の人は、断られることなど日常的で、数を重ねるうちに慣れてしまうが、一般の人にとっては難しいことだ。しかし人は、あなた個人を否定しているわけではない。だから、断られても落ち込む必要はない。これには少し訓練が必要だが、やがてできるようになる」

不安を乗り越えるには、真正面から立ち向かうのが一番です。それには次の質問が役に立ちます。

不安を乗り越えるための質問

- 新しい仕事に対する不安が少なからずあることに気づいていますか？
- この不安が自分に与える影響を理解していますか？
- 自分がその不安を感じている理由に気づいていますか？
- この不安に直面する心の準備はできていますか？
- 不安があなたの人生を支配したら、どうなってしまいますか？

不安から逃げれば、それはあなたを支配します。逆に、正面から立ち向かえば、不安はどんどん小さくなります。不安にはよい不安と悪い不安があるのです。自分をどんどん前へと動かす原動力となる不安は、よい不安です。

不安に屈するのではなく、それに立ち向かってあなたが不安を支配し、キャリア転換への大きなエネルギーとして逆に利用するのです。もう不安を感じても恐れることはありません。あとは新しい自分をスタートさせるだけです。

Exercise 12

不安への対処を書いてみる

不安には大きく3つの種類があります。
それらへの対処をそれぞれ書き出し、不安への恐れをなくしましょう。

1 知らないことへの不安

2 失敗すること、または、成功することへの不安

3 拒否されることへの不安

Week

4

成功へのマインドセットをつくる

ＷＥＥＫ３で成功へのプランが立てられたら、
そのプランを実行するための意識をつくりあげましょう。
適切なプランがあったとしても、
自信を持ってそれを行うことができなければ
成功をつかむことはできません。
ＷＥＥＫ４では、成功した自分を演じてみたり、
実際に自分を売り込んでみたりすることで
成功をつかむためのマインドセットをつくりあげます。

Day 21

今日のアクション

すでに成功している自分を演じる

WEEK1で選んだ自分の新しいキャリアを、おそらくまだ誰にも話していないことでしょう。多くの人は、資格試験に合格するまで、会社の新しい名刺がくるまで、あるいは十分な実績を積むまで、それを人に話そうとしません。しかし、それらが揃うまで待つ必要はありません。今、この瞬間から、あなたは新しい自分をスタートさせることができるのです。

まず、自分が新しいキャリアを選んだことを周囲に宣言し、そして意識を切り替え、すでに成功している自分になりきりましょう。「演じる」といったほうがわかりやすいかも知れません。

かつてレストランでの接客サービスの研修ビジネスを始めたとき、私にとってこの分野はまったくの未経験でした。

これを売り込むとき、私は一流企業への導入実績のあるコンサルタントになりきり、その役柄を演じました。そして、実際、それにふさわしいスーツを身につけ、堂々とふるまい、自信を持ってセールスに回りました。そのおかげで、この分野ではまったく素人の私のプログラムが、フロリダの多くのレストランで採用されたのです。

このように、「すでに成功している自分」を演じることで、自分の行動や言葉、歩き方までもが変わります。それが相手を動かすオーラとなるのです。自分にはまだ経験がないと小さくなる必要はないのです。堂々と自分を演じましょう。

私の友人のブルースは、銀行マンを経たのち、独立してコンサルティング会社を始めましたが、小さいときからアイスホッケーが大好きで、独立したあともスケートリンクに足を運んで練習していました。そんな彼の技術を見ていたホッケーチームのマネジャーが、ある日、メンバーにスケートを教えてくれないかと彼に頼んだのです。

ブルースは、教えた経験もないまま、いきなりインストラクターを任されることになりました。もちろん、コンサルタントの仕事を続けながらです。彼は当時を次のように振り返っています。

「私は、人を教えた経験はなかったが、とにかくその依頼を受けることにした。それは願ってもない話だったからだ。私は、教え始めると同時に、八千ドルを投資して一番優秀なインストラクターを雇った。そして教わりながら、人に教えるという方法をとった」

彼が立派なのは、準備ができていなくとも、まずはそこに身を投じ、教え始めたことです。昔の格言にも、「成功の九九%は、とにかくそこに身を置くことだ」というのがあるとおり、彼はそれを実践しました。その後、彼のレッスンは評判を呼び、ブルースは毎日スケートリンクに立っています。

Day 22

今日のアクション

将来のために時間を投資する

夢のキャリアを実現するには、そのための時間をつくり出す必要があります。次のエクササイズで、現在自分がひとつの作業にどれだけ時間を使っているかを調べてみましょう。これで、自分に空いている時間がどれだけあるか、どれだけ時間を無駄にしているかがわかるはずです。

さて、あなたがキャリアアップのために使える時間はどれだけあるでしょうか。十分にあるという人は少ないはずです。自分の時間の使い方を工夫する必要があります。また、行動に優先順位をつけるべきだと感じるはずです。ここで、どうしたら時間をつくれるか、考えてみましょう。

まず、仕事の時間について。もちろん、あなたは今の仕事を一生懸命こなしているでしょうが、それを時間がないことの言い訳にしてはいけません。

日々残業に追われ、将来のことなど考える余裕がないのは誰のせいなのでしょうか？　それを上司や雇用主のせいにする人が多くいますが、それは違います。そう思う人の多くは、残業時間の多さを理由に、自分の人生を変えることの難しさに挫折してしまい、行動しようとしないだけです。

私の友人のボブは、仕事を変わるたびに残業が大変だとこぼしていましたが、それは雇用主のせいではありません。彼はどの仕事についても、残業を毎日五時間以上もしていましたが、それは彼が自分で選んでいるのです。時間の使い方を工夫すれば残業時間は減らせるはずです。彼から自分のために使う時間を奪っているのは、彼自身の選択なのです。もし、あなたもこれに似た状況にあるなら、今すぐ、一週間の労働時間を決め、プラン実現のために時間をつくるべきです。

また、成功するためには、自分の楽しみをある一定期間、我慢することも必要です。夢のキャリアの実現には、忍耐が必要なときもあるのです。自分の時間の使い方を見直し、一日十分でもいいから、将来のために時間を投資しましょう。

Exercise 13

自分の時間の使い方を見直す

ここでは、1日に、ひとつの作業にどれだけ時間を使っているかを書き出してみましょう。その時間が出たら、それを7倍することで、1週間にその作業に費やしている時間がわかります。その後、すべての行動時間を合計し、それを168（1週間を時間に換算したもの：24時間×7）から引きます。こうして得られた時間が、あなたが夢のキャリア実現のために使える時間です。

活動	1日当たり時間	×7=	1週当たり時間
1 睡眠			
2 食事			
3 通勤			
4 仕事			
5 家事			
6 地域活動			
7 人づきあい			
8 買い物			
9 テレビその他、家でくつろぐ時間			
		1週当たり時間の合計	

168時間から上の合計時間を引いた残り＝　　　　時間

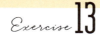

Day 23

今日のアクション

人を巻き込む

私の友人のルイは地元の銀行に職を得ましたが、これは彼が本当にやりたい仕事ではありませんでした。ルイは仕事を変えることを考え、私に相談を持ちかけてきました。その経過を彼自身に語ってもらいました。

「私は、友人でキャリアアップ・コーチでもあるゲイリー（著者）に相談した。彼とブレインストーミングをしていくつかの選択肢を考え、やりたい仕事と、やりたくない仕事のリストをつくった。そして私がやりたかったのは、不動産の仕事だということがわかった。私は、こうして友人を巻き込むことによって、自分がやりたい仕事を見つけることができた」

「ゲイリーとの話し合いのあとすぐ、私は、ある不動産会社主催の夜間学校に申込んだ。そして六ヶ月後に不動産業のライセンスを手にした。はじめの数ヶ月は、前の仕事をしながら夜と週末に不動産の仕事をする二足のわらじで大変だったが、今や十年が経ち、私は今の自分にとても満足している。休みをとりたいときにとり、自分が思っていた以上の収入を得られるようになった」

「今思えば、自分のキャリアについてゲイリーに相談して本当によかったと思う。彼と話したことで、私は自分のやりたいことを発見し、その実現への一歩を踏み出すことができたのだ」

ルイは、進んで人に助けを求めて、相手を巻き込むことが成功への大きな秘訣だといいます。しかし、自分のキャリアプランを人に相談するのをいやがる人は多くいます。その主な理由は次の通りです。

人に相談するのをいやがる10の理由

1 その相手は相談するに値しない

2 自分のことについて、口出ししてほしくない

3 代わりに見返りを求められそうでいやだ

4 相手に言われたことをすべてしなければいけないような気がする

5 彼らのアドバイスに従えなかった場合に、彼らをがっかりさせたくない

6 自分の弱みを見せるようでいやだ

7 人にプライベートなことを知られたくない

8 口に出してしまったら、それを実行しなければいけないと重荷に感じる

9 間違ったアドバイスを受ける恐れがある

10 自分でそんなことも決められないのかとバカにされる

私たちは一人では生きていけません。成功するには、お互いの存在が必要です。あなたが手を上げて自分の目的をアピールしなかったら、どうやって周りの人はあなたに気づくのでしょうか。勇気を出して自分のプランをオープンにし、手を差し伸べてくれる人を探しましょう。助けてくれた人には、御礼の手紙と心からの贈り物をするとよいでしょう。将来、あなたが成功したとき、今度はあなたが誰かを助けてあげる番です。

Day 24

今日のアクション

自分を売り込む

新しいキャリアの道を選んだら、そのことを周囲にはっきりとアピールしましょう。遠慮や謙遜をする必要はありません。毎日、会う人すべてにあなたが今やっていること、その目的、そして今どのくらい進んでいるかなどを伝えましょう。独立する場合はなおさらです。あなた自身が商品なのです。思いつくすべてのメディアに自分を売り込みましょう。

先日、私は飛行機の中で、ある紳士に話しかけました。職業をたずねると、彼は全米に工場を持つ会社のＣＥＯでした。さらに、彼の抱えている問題を聞いてみると、「顧客サービスの向上」という返事がかえってきました。

それを聞いて私は、即座に名刺を差し出し、大企業の顧客サービスのコンサルティングをここ十年来行っていることをアピールしました。着陸の態勢に入るまでに、私は彼の工場を訪問するアポイントをとりつけました。彼は私と話ができたことを大変喜んでくれました。

このように、見知らぬ人に話しかける能力は、自分を売り込み、ビジネスを成功に導くうえでとても役立つのです。自分自身の「歩く広告塔」になりましょう。この自信をつけるには、ただ回数をこなすのみ。自分をアピールできない人には、次のような原因があるようです。

自分をアピールできない人の特徴

1 人と出会う場所に顔を出していない
2 キーとなる重要人物との関係をつくろうとしない
3 自分を売り込むのはいけないことだと思っている
4 周りの人からどう思われるかを気にしている
5 自分を商品だとは思っていない
6 自分から進んで自己紹介をしていない
7 常に名刺を用意していない

8

スムーズな会話術を身につけていない

自分を売り込むことは悪いことではありません。自分のプランを、日に二人に話してみましょう。すると一年後には七百三十人がそれを知ることになるのです。そのうちのたった二人でもあなたを助けてくれたら、夢はぐっと実現に近づくはずです。もし助けてくれる人が百人だったらどうなるでしょう?

Day

25

今日のアクション

自分の夢を声に出す

プロゴルファーのアーノルド・パーマーの成功物語を知っているでしょうか。彼は十歳のとき、自分があたかもナショナル・トーナメントでプレーしているかのように、自分を演じていました。彼はスポーツ・キャスターが自分の名前を呼ぶシーンさえイメージし、それを人に話していました。

「さあ、次はチャンピオン、アーノルド・パーマーの打順です」

彼は幼いながらにして、言葉の持つ力を理解し、実践していたのかも知れません。それから十年以内に、彼の言葉は現実となりました。

多くの人は、実際にことが起きるまでは、自分の夢を口にしません。しかし、夢を実現する人は、この逆をします。つまり、夢が現実になるよりも先に、まずはそれを言葉にするのです。

ドナルド・トランプがニューヨークの五番街にトランプタワーを建てる夢を描いたとき、彼は何もないところから形を生み出す、言葉の持つ力を利用しました。彼はまだビルが建つどころか、その資金繰りがつく前から、「このタワーが完成した暁には、世界一のステータスを持つビルになる」と世界に向けて宣言したのです。これを聞いた多くの人々は、まだ建ってさえもいないビルにぜひ入居したいと彼のもとへ押し寄せました。

様々な宗教の古い文献にもあるように、言葉には力があります。旧約聖書では、創世記の最初の章に、「神がこう語った」という記述があり、そこからすべてが始まります。新約聖書にも、言葉の持つ力が書かれています。ヨハネ伝の第一章に「まずはじめに言葉ありき」というくだりがあります。あなたの夢の実現にも、この言葉の持つ力をぜひ利用しましょう。パーマーやトランプのように。口にしたことが現実になるのです。

今後、人に会ったときには、今のあなたではなく、これからの新しい自分について話をしましょう。あなたがイメージしている姿をいきいきと表現してみるのです。これはあなたの話を魅力的にするだけでなく、聞く人を惹きつけます。ぜひやってみてください。自分の中に力がみなぎってくるはずです。

Exercise 14

あなたの夢

人前で夢を口に出すことは勇気がいるものです。まずは自分の夢をイメージし、自分の言葉で語れるように書き出して練習してみましょう。

1

2

3

Week

5

行動を起こす

いよいよ最終週です。
あなたはこれまで自分を振り返り、
しっかりとした準備をし、適切なプランを立て、
成功へのマインドセットをつくりあげてきました。
あと必要なものは何でしょうか？　そう、行動です。
これまでのあなたのアクションは
すべて最後の「行動」につながっています。
もう恐いものはありません。失敗を恐れず行動を起こせば、
必ず成功をつかむことができます。
さあ、WEEK5をスタートしましょう。

Day

26

今日のアクション

勇気を持って、まず行動する

これは、言うのは簡単です。あなたの周りに、問題ばかり指摘はするものの、それを改善しようとはしない人がどれだけいるでしょうか？　会社を辞める、転職すると口にしながら、実際に行動する勇気のない人がほとんどです。

ウェブスターの辞書には、「勇気」は次のように定義されています。

【勇気】（Courage）

危険なことや、不安、困難に負けない精神的な強さやその姿勢。

本当に夢のキャリアを実現したいなら、勇気を持って行動すべきです。新しいことを始めるときは、不安で押しつぶされそうになるのは当然です。しかし、それは行動することでひとつひとつ解決されていくのです。一〇〇％うまくいく保証を待っていたら、何も行動はできません。少しでも可能性があるなら、自分を信じてそれに賭けてみましょう。あなたはきっと成功します。

Day 27

今日のアクション

困難は乗り越えられると信じる

もし今、あなたが突然事故に遭い、数秒後には歩くことも、話すことも、息することさえできなくなったら、どうするでしょうか。

映画「スーパーマン」の主役で有名な俳優、クリストファー・リーブは、一九九五年に悲劇的な落馬の事故に見舞われましたが、彼は多くの困難に立ち向かいました。彼は死にも直面しましたが、それを乗り越え、首から下が動かないほぼ全身麻痺の状態で、車椅子に乗り、立派に立ち直って第二の人生を送りました。

次に、クリストファーに送られたある手紙を紹介します。これは困難を乗り越えることの大切さを私たちに教えてくれます。

親愛なるリーブ氏へ
あなたの生き方は、わがプリンストン・モンテッソーリ・スクールの生徒一同に、力強い勇気を与え続けています。あなたの信念を、生徒が一生、心の支えとして持ち続けられるように、私たちは努めるつもりです。

わが校の校訓は情熱、勇気、そして自分を信じて困難を乗り越えることです。障害を乗り越えて目標を追おうとするあなたの生きる姿勢は、私たちにとってまさに人生の手本となっています。

あの落馬事故以来、私たちはあなたが脊髄の調査研究機関の発展に寄与し、かつ、映画「裏窓」にも出演し、自伝を書き、そのほか多くのことを成し遂げているのをずっと見てきました。

そこで本校は今年、創立三十周年を迎えるにあたり、クリストファー・リーブ賞を創設することを決定しました。これはあなたが教えてくださったように、決して困難に負けない姿勢を貫いて頑張っている個人に贈られるものです。記念すべき年に、あなたにこの報告ができるのを大変光栄に思います。

一九九八年十二月七日　プリンストン・モンテッソーリ・スクール

WEEK3で書いたプランを実現するには、クリストファー・リーブのように、目の前にどんな障害があっても、それを乗り越えていく姿勢が必要です。次に紹介するのは、私をいつも勇気づけてくれる笑い話です。

ある男が、川のすぐそばに住んでいました。その家はとても快適で、風通しのよい地下室があり、彼はそこでニワトリを飼っていました。あるとき川が洪水になり、水があふれて地下室が水浸しになって、ニワトリがみんな溺れてしまいました。次の日、がっかりした彼は家主のところへ行き、そしてこう告げました。

「もうこの家を出ていくよ」
家主は驚きの声をあげ、そしてこう言いました。
「あれほど気にいっていたじゃないか。とても快適だし、家もしっかりしていて、おまけに家賃も安い」

「ああ、そうなんだが」その男は続けました。

「川の水があふれたせいで、ニワトリがみんなおぼれてしまったのさ」

「なんだ、そんなことで家を出ていくなんて」家主はこうつけ加えました。

「今度はアヒルにすればいいじゃないか」

Exercise 15

予想される困難は？

あなたが目標を達成するうえで予想される困難はどんなものでしょうか。また、その困難はどうすれば乗り越えられるでしょうか。困難は必ず乗り越えられると信じて書き出してみましょう。

1 困難

2 対処

Day

28

今日のアクション

関係ないと
思う人にこそ
話してみる

キャロルは、会社の体制が変わったことにより、仕事の内容が自分の理想とはかけ離れたものになってしまい、仕事を変わりたいと思っていました。そしてあらゆる可能性を探り始めました。彼女はこう振り返ります。

「自分のやり方で仕事ができなくなり、やる気をまったく失ってしまった。お金や地位の問題ではなかった。朝起きて仕事にいくのが苦痛でたまらなかった」

彼女は十一年この会社でセールスの仕事に携っていましたが、もうこれ以上我慢できず、仕事を辞めなければ自分がだめになると感じました。しかし彼女にとって転職は、そう簡単ではありませんでした。

「履歴書を送っても何の返事もない。やる気になってはまた落ち込み、その繰り返しだった」

しかし、このような状況にもめげず、彼女はチャンスを探し続けました。そして彼女にとってのチャンスは、突然やってきたのです。ある朝、彼女はクライアントとブレックファースト・ミーティングをしながら、仕事の打ち合わせをしていたのですが、ひょんなことから、彼女の転職の話になりました。

すると驚いたことに、そのクライアントが「あなたの仕事探しのお手伝いができると思う」と言ってくれたのです。このクライアントのおかげで、キャロルは転職し、自分を活かせる仕事につくことができました。何の気なしに、自分の転職のことを話してみたのがきっかけとなったのです。

「あきらめずにすべての可能性をあたってみることだ」と彼女は言います。これは一見、無駄なようですが、実はそこにこそ新たなチャンスが隠れているものなのです。

キャロルは、仕事を変えるときのポイントを、次の五つにまとめています。

1 あわてることはない。十分時間をかけて

2 自分のキャリアには関係ないと思う人にこそ、話しかける

3 人に会うときは効率的に

4 信頼できるメンターを探す。彼らは喜んで助けてくれるはずだ

5 自分の強みを忘れずに。それがあって、今のあなたがあるのだから

Day 29

今日のアクション

人間関係と生活習慣を見直す

新しい仕事に就くには、肉体的にも、精神的にもかなりのエネルギーが必要です。まず精神的なエネルギーについて見ていきましょう。

「内なる声」(self-talk)というのをご存知でしょうか。これはあなたが心の中で、一分間に約千語のペースで自分に話しかけている言葉のことです。これはあなたの考えを大きく左右します。たとえば、「自分はどうせできない」という言葉は、不安や失望感を生みますが、「自分にはきっとできる」という言葉は、自信とやる気を生み出します。自信の大きさは、その人の自分の扱い方で決まります。それゆえ、自分には必ずプラスの言葉で話しかけ、自分を常に勇気づけるようにしましょう。

また、自分の周りを前向きな人で固めることです。人の足を引っ張るマイナス思考の人と一緒にいるのはやめましょう。次のエクササイズは、あなたにとってプラスとなる人たちを判別するのに役立つはずです。

Exercise 16

あなたにとってプラスとなる人たち

あなたの人間関係の中から、あなたにプラスとなる人を見極めましょう。左の表の1列目には、「プラスとなる人」を、2列目には「マイナスとなる人」を、そして3列目には、どちらでもない人を書き出してみましょう。

	プラスとなる人	マイナスとなる人	どちらでもない人
1			
2			
3			
4			
5			
6			
7			
8			
9			
10			

全部書き終えたら、二列目と三列目の人を、すべて線で消しましょう。一列目の人たちこそ、あなたにプラスのエネルギーや、ひらめきを与えてくれる人たちです。彼らと時間を多く過ごし、自分のやる気を維持しましょう。

また人の集まるところにできるだけ顔を出し、自分によい影響を与えてくれる人を探すのです。そして二列目と三列目の人たちと時間を過ごすのは極力控えましょう。

キャリア転換に必要な二つ目のエネルギーは、肉体的なものです。せっかく大きな夢を抱いて計画を立てても、体が丈夫でなくては意味がありません。

次に一般的に言われている、健康の秘訣を挙げてみました。これらを実行して、体調の管理に気をつけましょう。

健康維持に必要なこと

1

エクササイズ

- 週に三、四回はウォーキング、ジョギング、水泳、エアロビクスなどの運動を心がける
- 十分な睡眠をとる

2

体重

- 理想的な体重プラスマイナス五％を維持する
- 体脂肪率を一八％以内にとどめる

3

食事

- 脂肪分の多い食事を避ける
- くだもの、野菜を多くとる
- タバコを止める

- アルコールは日に一、二杯にとどめる
- デザートや砂糖が多く含まれた食べ物をとりすぎない
- カフェインの量もコーヒー一、二杯分にとどめる
- 血圧を平常値に保つ

4
栄養素

- コレステロール値を抑える
- ビタミン、ミネラルをバランスよく摂取する

（加齢による病気のリスクを下げる効果がある）

精神的にも肉体的にも、十分にエネルギーが蓄えられるよう、そのために必要な時間をきちんととりましょう。今日から自分に前向きな言葉で話しかけ、運動をして、適切な食事をとることです。やる気だけでなく、こういった心と体のバランスも成功するのに大切なことなのです。

Day

30

今日のアクション

失敗を恐れず、決してあきらめない

さあ、最後は偉大なる教師から学びましょう。それは子供たちです。

アメリカのある小学校で、一、二年生を対象に「決してあきらめなかった人」というテーマの授業をする機会がありました。子供たちは、自分の周りや、これまでに学んできた中で、困難に負けず目標を達成した人たちの名前を挙げました。彼らのつくったリストを見てみましょう。

困難に負けずにがんばり続けた人は？

- キング牧師
- マイケル・ジョーダン
- ガンジー
- ピルグリム・ファーザーズ（アメリカへの最初の入植者）
- キュリー夫人
- 私！

- パパとママ
- リンカーン
- ジョージ・ワシントン
- コロンブス
- エベレストに登った人たち

子供たちの発表から

- 「お父さんとバスケットボールをしたが、シュートが入らなかった。でもずっとやり続け、ようやく一本入った」——アリソン
- 「手紙を読んでいるとき、ある難しい言葉にぶつかったが、一生懸命それを調べて、ようやくその意味がわかった」——カイル
- 「岩登りをやったが、それはとてつもなく大きな岩だった。何度も何度も挑戦して、やっと登ることができた」——マーク

「決してあきらめない」ことは大人には難しい。なぜなら大人は、それを続けることより、周りの人からどう思われるかを気にするからです。一方、子供は、そんなことや失敗など恐れずにどんどん新しいことにチャレンジし続けます。私たちは、彼らに学ぶべきなのです。

成功とは、失敗のそのすぐ向こうにあります。大人は、このことを忘れているため、少し失敗するとそれをやめてしまいます。先の子供たちのように、うまくいくまでチャレンジし続けるのです。子供のようにシンプルに考えましょう。

今までの仕事とは違うキャリアを切り開いていくのは、確かに簡単ではありません。しかし、あなたにもそれはできます。それには、子供のように、あきらめず、ただやり続けるだけです。いつまでも今の仕事に悶々とするのではなく、あなたの中にある素晴らしい能力を発揮するためにも、勇気を持って、自分への旅をスタートさせましょう。あなたの行動を、心から応援しています。

まとめ

アクションを振り返る

なぜ高学歴かつＩＱ（知能指数）の高い人に比べて、そうでない人が大きな成功を収めることが多いのでしょうか。

ベストセラーとなった『カエルを食べてしまえ！』（ダイヤモンド社）の著者ブライアン・トレーシーは、ＩＱは成功と何ら関係がないと述べています。彼によれば、成功は、その人が起こす行動の数とその質によって決まるといいます。

成功＝行動の回数×行動の質

「どんなに頭がよくても、間抜けな行動をすれば、あなたは間抜けな人になる。成功は、頭のよさとは関係がない。あなたが知的な行動をとれば、あなたは知的な人になれるのだ」

このように、知能指数の高さが成功を生むのではなく、行動がその決め手となるのです。そこで、この本の最後に『アクション・チェックリスト』を用意しました。よいアイデアを思いついても、それだけでは意味はありません。行動なくしては次のステップに進むことはあり得ないのです。リスクを計算しながら行動を起こし、賢い選択をすることにより、行きたい場所にたどりつくことができるのです。

この『アクション・チェックリスト』は、計画を実現する指針となります。これにより、自分の行動を日々、モニターすることができます。自分のキャリアを転換する際に必要なツールは、この本と『アクション・チェックリスト』だけで十分です。

『アクション・チェックリスト』には、そのつど前のページを探さなくてもいいように、この本に出てきた三〇のステップが書かれています。これに沿って行動することで、この本で学んだ考え方をひとつずつ、実践することができます。

一日目は月曜日から始め、新たな気持ちで一週間をスタートさせましょう。『アクション・チェックリスト』に従えば、三〇日で夢のキャリアの実現に一歩近づくはずです。必要であればコピーをとりましょう。

ここにあるステップをしっかりこなし、チェック欄を埋めていきましょう。

それでは、幸運を祈ります！

10 メンターやロールモデルを見つける □

私は次の人たちに、メンターやロールモデルになってもらおうと決めている。

1

2

3

11 キャリアについての情報を集める □

私は、インターネットや本などで、新しいキャリアについての情報を3つ集めた。

1

2

3

12 自分が目指す人たちの輪に加わる □

自分が参加することを決めた3つのグループ

1

2

3

13 ボランティアで道を開く □

自分がすることを決めたボランティア活動

1

2

3

WEEK 3 目標への道筋を描く

14 目標につながる勉強を始める □

自分に役立つ勉強や資格

1

2

3

ACTION CHECK LIST

各項目をクリアするごとに、チェック欄に印をつけていきましょう。

WEEK 1　本当にやりたいことを決める

01	子供の頃の夢を思い出す	☐
02	今、やってみたいことを書き出す	☐
03	選択肢を３つにしぼる	☐
04	「必ずうまくいく」と信じる	☐
05	あなたに期待し、応援してくれる人で周りを固める	☐
06	マイナス思考な人の意見は聞かない	☐

WEEK 2　新しいスタートに向けた準備を始める

07　やってみたかったことにチャレンジする　☐

新たに挑戦すると決めたこと

1

2

3

08　自分のイメージに従って動いてみる　☐

やってみようと決めた行動

1

2

3

09　自分の強みを書き出してみる　☐

24 自分を売り込む ☐

私は次の人たちに、自分をアピールした。

1

2

3

25 自分の夢を声に出す ☐

次の人たちに、自分の計画について話した。

1

2

3

WEEK 5 行動を起こす

26 勇気を持って、まず行動する ☐

勇気を持って行動しようと決めたこと

1

2

3

27 困難は乗り越えられると信じる ☐

28 関係ないと思う人にこそ話してみる ☐

自分のキャリアに関係がなさそうな人（この人たちにこそ話してみよう!）

1

2

3

29 ポジティブな人たちとつきあう ☐

30 失敗を恐れず、決してあきらめない ☐

15 「すべては自分次第である」と決心する □

16 具体的なプランをつくる □

17 短期的計画と長期的計画を立てる □

18 ビジョンを書き出す □

自分のビジョン：

19 プランは変わるものと覚えておく □

20 不安とのつきあいかたを知る □

WEEK 4 成功へのマインドセットをつくる

21 すでに成功している自分を演じる □

次の人たちに、すでに成功している自分を演じた。

1

2

3

22 将来のために時間を投資する □

23 人を巻き込む □

私は、次の３人に相談することを決めている。

1

2

3

訳者あとがき

初版の刊行から一六年の歳月が経ち、この本が復刊されることになりました。二〇〇二年、この本が世に出た当時は、転職という言葉がようやく市民権を得てきた時代でしたが、いまや仕事を変わるという生き方は当たり前になってきています。また時代の波にも押され、多様な働き方が受け入れられています。副業が推進され、また会社を変わらなくとも、社内で手を上げ、やりたい仕事ができる部署に異動している人もいます。

本書の原題は"Career Re-explosion"つまりもう一度自分のキャリアを爆発させよう、というものです。今の自分に満足せず、もっと自分が輝ける仕事やキャリアを見つけたいと真剣に考えるすべての人にこの本を捧げたいと思います。

本書は、キャリアアップする際におさえるべきポイントを三〇のステップにまとめ、一週間ずつ進んでいく構成になっています。

- PROLOGUE：30日でキャリアは変えられる
- WEEK1：本当にやりたいことを決める
- WEEK2：新しいスタートに向けた準備を始める
- WEEK3：目標への道筋を描く
- WEEK4：成功へのマインドセットをつくる
- WEEK5：行動を起こす

また巻末にはアクションチェックリストもついているので、自分の行動を見える化することもできるでしょう。

著者のグラポ氏は、自ら学生向けの就職セミナー会社を立ち上げ、その後大手企業の人事部門勤務や個人のキャリアアップコーチなど、この分野での経験が豊富であり、また多くの著作もあります。雇う側だけでなく雇われる側の経験も積んでいる彼のアドバイスはとても鋭く的を得ていて、読む人の視点をガラリと変えてくれます。『必ずうまくいく』と信じる」「プランは変わるものと覚えておく」「関係ないと思う人にこそ話してみる」などのアドバイスに、励まされる人はきっと多いはずです。

実際、この本をきっかけに多くの方が理想のキャリアを手にしています。自分の特性を活かして転職した人、漫画家になった人、本を出版した人、また海を渡ってハリウッドで活躍されている日本人俳優の方もいます。そうした声を聞くたび、この本の普遍的な力を感じます。

私自身、サラリーマンを経ていまの仕事をしていますが、やはり仕事を辞めることにはかなりの抵抗がありました。これまで築いてきた学歴、そしてサラリーマンとして成功した父親から自分が勝手に受けていた「独立なんて無理だ」という価値観。いまだからわかりますが、じつはそういったものが自分をブロックしていたのです。また周りの組織人の価値観の中にいると、一人で飛び出して何かをやるなんて、無謀にすら思えていました。

でも、もしそのときにこの本があったら…。もっと早く自分のブロックに気づき、もっと早く本当に自分のやりたいことを見つけ、そして自分の理想とするキャリアに向けて行動ができたと思うのです。だいぶ遠回りをしてしまいました。

この改訂版は文字もゆったりと組まれ、書き込み部分も横書きで書きやすくなっています。どうかお気軽に、カフェなどで自分と向き合いながら、自分の強みや可能性を見つけてください。皆様にとって、この本が自分を活かせる最高のキャリアアップの第一歩になりますことを願ってやみません。

二〇一八年十一月　川村　透

やりたい仕事の見つけ方 30-DAY LESSON

発行日　2018年　12月30日　第1刷
2021年　3月　5日　第4刷

AUTHOR　ゲイリー・グラポ

TRANSLATOR　川村透
BOOK DESIGNER　山田知子（chichols）

PUBLICATION　株式会社ディスカヴァー・トゥエンティワン
〒102-0093 東京都千代田区平河町2-16-1 平河町森タワー 11F
TEL 03-3237-8321（代表）　FAX 03-3237-8323　http://www.d21.co.jp

PUBLISHER　谷口奈緒美
EDITOR　藤田浩芳　渡辺基志

STORE SALES COMPANY
梅本翔太　飯田智樹　古矢薫　佐藤昌幸　青木翔平　小木曽礼丈　小山怜那
川本寛子　佐竹祐哉　佐藤淳基　竹内大貴　直林実咲　野村美空　廣内悠理
井澤徳子　藤井かおり　藤井多穂子　町田加奈子

ONLINE SALES COMPANY
三輪真也　榊原僚　磯部隆　伊東佑真　川島理　高橋雛乃　滝口景太郎
宮田有利子　石橋佐知子

PRODUCT COMPANY
大山聡子　大竹朝子　岡本典子　小関勝則　千葉正幸　原典宏　藤田浩芳
王廳　小田木もも　倉田華　佐々木玲奈　佐藤サラ圭　志摩麻衣　杉田彰子
辰巳佳衣　谷中卓　橋本莉奈　林拓馬　牧野類　三谷祐一　元木優子
安永姫菜　山中麻吏　渡辺基志　小石亜季　伊藤香　葛目美枝子　鈴木洋子
畑野衣見

BUSINESS SOLUTION COMPANY
蛯原昇　安永智洋　志摩晃司　早水真吾　野﨑竜海　野中保奈美
野村美紀　林秀樹　三角真穂　南健一　村尾純司

EBOOK COMPANY
松原史与志　中島俊平　越野志絵良　斎藤悠人　庄司知世　西川なつか
小田孝文　中澤泰宏

CORPORATE DESIGN GROUP
大星多聞　堀部直人　岡村浩明　井筒浩　井上竜之介　奥田千晶　田中亜紀
福永友紀　山田諭志　池田望　石光まゆ子　齋藤朋子　福田章平　俵敬子
丸山香織　宮崎陽子　青木涼馬　岩城萌花　大竹美和　越智佳奈子
北村明友　副島杏南　田中真悠　田山礼真　津野主揮　永尾祐人　中西花
西方裕人　羽地夕夏　原田愛穂　平池輝　星明里　松川実夏　松ノ下直輝
八木眸

DTP　株式会社RUHIA
PRINTING　日経印刷株式会社

ISBN978-4-7993-2308-3　